LES
MANIFESTES

DU

COMTE DE PARIS

ET DU

PRINCE VICTOR NAPOLÉON

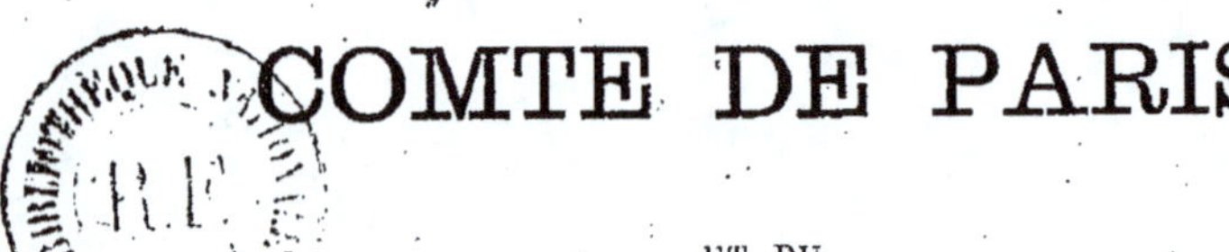

COMMENTÉS ET JUGÉS

PAR UN CITOYEN FRANÇAIS

Fais ce que dois...

———

Prix : UN Franc

———

EN VENTE

CHEZ TOUS LES LIBRAIRES

—

1887

LES

MANIFESTES

DU

COMTE DE PARIS

ET DU

PRINCE VICTOR NAPOLÉON

COMMENTÉS ET JUGÉS

PAR UN CITOYEN FRANÇAIS

Fais ce que dois...

Prix : UN Franc

EN VENTE
CHEZ TOUS LES LIBRAIRES
—
1887

DÉDICACE

A mes Concitoyens,

A vous, grands et petits agriculteurs, propriétaires et fermiers, cultivateurs, industriels et commerçants, employés et ouvriers, travailleurs enfin de tous ordres et de tous rangs, qui êtes le nombre, l'intérêt, le bon sens, la moralité dans le pays, et réunissez ainsi en vous toutes les forces vives de la France ;

A vous, qui souffrez surtout des désordres occasionnés par les crises politiques, — *gouvernementales, parlementaires, ministérielles,* — qui semblent s'être établies à l'état endémique dans nôtre si beau, mais si malheureux pays ; — crises qui jettent tous les esprits dans le désarroi, surexcitent les passions, énervent tout le monde, en même temps qu'elles portent le trouble dans les affaires et arrêtent ou compriment tout essor de l'industrie et du commerce ;

A vous, qui devez surtout aspirer à voir couper court le plus rapidement possible à une situation si désolante pour vos intérêts, si compromettante pour la fortune publique, pour la prospérité et la sécurité même de la Patrie ;

C'est à vous que je dédie ces quelques pages.

Elles sont adressées à M. le comte de Paris et au prince Victor Napoléon, en réponse à leurs récents manifestes.

Lisez-les, et vous reconnaîtrez avec moi, j'en ai la conviction, que la situation déplorable dont je viens d'indiquer quelques effets généraux, est due uniquement aux longs et factieux agissements des partis monarchiques, et surtout à ce fait anormal : La présence, *dans des Chambres en grande majorité républicaines et sous un gouvernement républicain,* d'une minorité royaliste, qui pèse d'un poids trop lourd sur ces assemblées, en neutralise les meilleurs éléments, et ne craignant pas d'asseoir sur la perspective du désordre qu'elle provoque, ses espérances de restauration, poursuit sans trève ses attaques contre la République et conspire ouvertement contre elle.

Vous reconnaîtrez aussi, je l'espère, — quels que puissent être d'ailleurs les préjugés de naissance, d'éducation, les idées préconçues, les préférences personnelles — que la Monarchie est définitivement vaincue dans notre pays, — non tout à fait encore par les hommes, mais par le temps, les idées, le progrès, les mœurs ; et qu'elle est surtout condamnée par Dieu même, qui n'est pas pour rien sans doute dans les mémorables événements du siècle.

Et il vous viendra naturellement à la pensée cette double solution :

Ou bien M. le comte de Paris et ses partisans — (les seuls sérieux) — s'inclineront devant le jugement de Dieu qui n'a rien de blessant pour leur amour-propre, leur dignité, leur honneur, et ils mettront fin d'eux-mêmes à une lutte civile odieuse, qui a duré déjà trop longtemps, et qui, dirigée soi-disant contre la forme républicaine du gouvernement, n'atteint en réalité que la Patrie !

Ou bien, armés de votre bulletin de vote, vous procèderez vous-mêmes au désarmement par la force pacifique, mais puissante du scrutin et accomplirez, avec le temps, l'*union civique*, en faisant, dès à présent, l'*unité de principe* au sein des Chambres législatives, par l'élagage complet de l'élément monarchique.

Il n'y a pas de moyen terme, si vous ne voulez vous laisser traîner pour longtemps encore dans le marasme et la souffrance, et vous exposer, et la France avec vous, à toutes les angoisses, à toutes les incertitudes de l'avenir.

Or, est-il permis de croire que M. le comte de Paris et ses partisans consentent à déposer sur-le-champ les armes, en abandonnant, lui, ses prétentions de prince royal, eux, les intérêts et les avantages qu'ils attendent ou qu'ils espèrent de leur attachement à sa personne ou à sa cause ?

C'est ce que l'avenir apprendra.

En attendant, la situation est grosse de périls, et elle est trop tendue pour que vous ne profitiez pas de la première occasion qui s'offrira de dénouer le nœud gordien.

Qui sait si dans quelques mois, quelques jours peut-être, les urnes ne se rouvriront pas ?. . .

Dans ce cas, voici le mot d'ordre :

« Ne laisser arriver aux Chambres que des républicains avoués, et exiger d'eux : moralité éprouvée, désintéressement, autant que possible services rendus au pays, et, en outre, engagement de se consacrer exclusivement au mandat législatif, de n'accepter aucune fonction publique ou mission d'éclat opulemment rétribuées, ni pour eux, ni pour leurs enfants, ni pour leurs proches ; de laisser enfin le pouvoir exécutif libre et responsable de ses actes et de ses choix, en ne l'entravant par aucune de ces recommandations qui, dans certaines situations, deviennent des ordres. »

MES CHERS CONCITOYENS,

En exécutant fidèlement ce court programme, vous aurez fondé et constitué la RÉPUBLIQUE MORALE, le gouvernement libre et fort, pacifique et stable, qui vous sauvera définitivement des Sauveurs et à l'abri duquel vous pourrez désormais jouir en sûreté de ce repos, de cette tranquillité, dans l'ordre et le travail, qui vous sont si nécessaires pour vivre et élever vos familles ; vous aurez, en même temps, délivré la France et la Patrie des dangereux aléas qui les menacent.

1er *Novembre 1887.*

LE MANIFESTE DU COMTE DE PARIS

A de graves périls a succédé un calme apparent ; l'honneur en revient principalement aux monarchistes de la Chambre. Ils ont effectivement compris que leur rôle était déterminé par leur nombre même.

S'ils n'étaient qu'une faible minorité, ils devraient se borner à d'énergiques et incessantes protestations ; s'ils étaient la majorité, ils auraient à prendre la responsabilité du pouvoir ; mais, assez nombreux pour peser d'un juste poids sur les décisions de l'Assemblée, la direction des affaires n'est cependant pas entre leurs mains.

Ils ne doivent donc s'occuper aujourd'hui que de défendre les intérêts conservateurs et la fortune publique, sans aggraver les crises parlementaires dont la République donne le trop fréquent spectacle.

C'est ce qu'ils ont fait avec un rare patriotisme dans une récente et mémorable circonstance. Ils ont bien mérité de la France conservatrice.

I

Depuis la terrible guerre de 1870, qui s'est précipitée sur la France comme une avalanche et a failli l'engloutir, — guerre d'où sont sortis, spontanément et fatalement, la chute honteuse du second Empire et le retour par acclamation de la République, — les partis monarchiques n'ont cessé de faire au gouvernement national une guerre acharnée, injuste, déloyale.

C'est, en effet, à l'élan suscité partout par ce gouvernement pour la défense nationale que la France, définitivement forcée, a pu dire, comme le vaincu de Pavie : « Tout est perdu, fors l'honneur ! »

Que lui fallait-il, alors, à cette pauvre France, ruinée, humiliée, pantelante, pour recouvrer le plus promptement possible sa dignité et ses forces ?

Une seule chose :

L'union de ses membres. Le groupement de tous les citoyens sans exception sous le même drapeau, sous la même forme de gouvernement imposée par les circonstances, accueillie par la grande majorité d'entre eux, et à laquelle, d'ailleurs, parmi bien d'autres raisons, les rivalités de partis ne permettaient d'en substituer aucune autre.

Dès le principe cependant, les partis monarchiques attaquent la République.

Sous la pression de la défaite et de l'occupation du pays par les Prussiens, une Assemblée nationale a été élue pour donner une sanction plus solennelle à l'acceptation du traité de paix onéreux et humiliant que l'ennemi nous impose. L'ennemi l'a exigé. — Le traité signé, et surtout les milliards payés et les Prussiens sortis de France, cette Assemblée n'a plus de raison d'être. Mais la majorité est composée de représentants des partis Légitimiste, Orléaniste et Bonapartiste, qui, divisés et impuissants chacun, se coalisent contre l'ennemi commun pour eux, — la République. Ils prolongent abusivement leur mandat.

La fusion faite entre la Monarchie Bourbonienne et Orléaniste, ils ne craignent pas de remettre la patrie à feu et à sang, en préparant, contre le vœu du pays, la restauration du trône des Bourbons, avec Henri V. Heureusement le Comte de Chambord, qui a le sentiment de la fausse situation et des dangers auxquels on l'expose, se dérobe. Cette sage résolution évite seule à la France les convulsions d'une nouvelle guerre civile.

Néanmoins, les députés monarchiques refusent toujours de déposer leur mandat, bien qu'ils n'ignorent pas l'exaspération des esprits qui peut susciter les plus grands désordres. Si une explosion n'a pas eu lieu à ce moment, c'est grâce à l'esprit de conduite et de désintéressement, au véritable patriotisme des députés républicains.

Et comme il fallait en finir, et que le pays réclamait avec insistance une constitution ; comme les monarchistes coalisés, refusant de céder la place à une autre Assemblée, élue *ad hoc*, se déclaraient constituants, leurs adversaires, toujours en vue d'éviter une crise, consentirent à faire avec eux cette constitution, constitution qui fut ce qu'elle devait être, étant donnée la composition de la Chambre, c'est-à-dire, monarchique dans le fond, républicaine seulement dans la forme, une sorte de vestibule qui permît d'attendre la mort du Comte de Chambord, pour lui substituer le Comte de Paris, devenu à la fois prétendant légitimiste et constitutionnel, et qui ne montrait pas les mêmes exigences, c'est-à-dire les mêmes appréhensions qu'Henri V, son cousin, du trône de France.

Les députés monarchiques consentent enfin, après une usurpation de plus de cinq années, à dissoudre leur Assemblée, convaincus d'avoir laissé grande ouverte la porte de la monarchie, et dans le cas où elle viendrait à se refermer, d'avoir semé dans le camp républicain assez de difficultés et de germes de division, pour que cette porte dût se rouvrir violemment un jour ou l'autre.

Leurs prévisions ne se sont réalisées qu'en partie. Le suffrage universel a condamné leurs manœuvres et leurs visées coupables, en nommant une majorité de députés républicains assez compacte pour leur ôter dans la Chambre toute prépondérance. Aussi la mort du Comte de Chambord étant survenue, son successeur désigné n'a plus trouvé, dans les assemblées législatives, une majorité pour l'acclamer, ni, à la Présidence de la République, l'épée choisie d'avance pour l'imposer à la nation et lui ouvrir, au besoin, le chemin de la France.

Mais ils ont atteint l'autre but en créant des obstacles sérieux à la constitution régulière et normale du gouvernement républicain qu'ils tenaient à empêcher de se fonder d'une manière définitive.

En effet, les républicains se divisèrent presque aussitôt en deux grandes fractions :

D'une part, ceux qui, attachés sincèrement à la forme républicaine, mais satisfaits des résultats acquis, et tenant le pouvoir, sans cesse préoccupés aussi de l'épouvantail monarchique, annoncèrent l'intention de n'entrer dans la voie des réformes, qu'à pas comptés, pour n'effrayer aucun électeur, et de les distiller, pour ainsi dire, goutte à goutte. Ils se nommèrent eux-mêmes *les Opportunistes*.

D'autre part, les républicains de principe, ne se contentant pas de la forme, redoutant moins les intrigues des partis monarchiques, et croyant, au contraire, affermir les fondations de la République en les faisant reposer sur des institutions ouvertement, franchement républicaines. Ce furent les *Radicaux*.

Cette division était dans l'ordre des choses, et si les deux fractions n'avaient pas été excitées l'une contre l'autre, chacune d'elles faisant des concessions réciproques, des réformes sérieuses auraient été apportées déjà à tout le système gouvernemental sous le rapport politique, financier, administratif et social.

Et c'est ici que se place le rôle joué par les partis monarchiques, devenus minorité.

Ils ne se sont pas contentés d'*énergiques et incessantes protestations*. Ils se sont efforcés d'empêcher toute discussion sérieuse par leurs clameurs, par leur turbulence, et d'ébranler sans cesse le gouvernement par leurs interpellations intempestives, leurs continuelles et injustes accusations. Quant à leur vote, il était acquis d'avance, dans les occasions graves, à la fraction opposante, de façon à lui obtenir la majorité et à renverser les ministres.

Grâce à ces procédés, près de 25 cabinets se sont succédés, c'est-à-dire plus de 300 ministres, l'élite républicaine, ont été usés au pouvoir sans avoir pu rien entreprendre avec suite. Il y a peu de temps, l'instabilité est devenue telle que le gouvernement a semblé un moment impossible.

Voici dans quelles circonstances :

Un cabinet avait été jeté par terre, du jour au lendemain, dans les circonstances les plus étranges, les plus anormales.

Les députés monarchiques s'étaient alliés, par leur vote, avec les députés radicaux, dans la question de la suppression des sous-préfectures, où ceux-ci, fidèles à leur rôle d'avant-garde et parfaitement d'accord avec leurs principes, devaient infailliblement voter *pour*, tandis que ce même vote, pour les monarchiques, était absolument contraire à leurs opinions et à leurs tendances.

Ce fut une surprise générale, un vrai scandale. La manœuvre était trop flagrante.

Le ministère Goblet eut tort de donner sa démission.

La vraie majorité républicaine avait été pour le Gouvernement et le Sénat, d'ailleurs, n'eût pas sanctionné ce vote, immoral en principe, faussant le régime parlementaire et qui aurait eu pour résultat la désorganisation complète, brutale et précipitée d'un service important de l'administration en même temps que l'atteinte la plus grave à la position des nombreux fonctionnaires qui en faisaient partie.

Scipion, Président de la République, eût déféré ce vote scandaleux au pays, et proclamé hautement la nécessité d'éliminer de la Chambre nouvelle les représentants royalistes qui s'en étaient rendus coupables.

Aucun ministère, en effet, n'était plus viable avec une pareille représentation.

M. Grévy, Cunctator, en jugea autrement et accepta la démission.

Longtemps ses tentatives échouèrent pour recruter d'autres ministres.

Une aboutit enfin.

M. Rouvier fit-il des promesses à la Droite et jusqu'à quel point s'engagea-t-il avec elle ? — La Droite vint-elle au devant de lui et lui imposa-t-elle ses conditions ? — On ne sait. Toujours est-il que le Cabinet Rouvier se constitua contre la Gauche républicaine et avec l'appui des députés monarchiques, devenus les vrais arbitres de la situation.

Position fausse qui le fit attaquer, dès la rentrée des Chambres, et l'on vit alors les membres de la droite, les plus turbulents d'habitude, se lever pour le défendre.

Il n'en fallait pas davantage pour rendre ce ministère encore plus suspect aux députés de la Gauche et provoquer une rupture ouverte entre les deux éléments républicains, opportunistes et radicaux, n'ayant entre eux que des différences de nuances, les seuls susceptibles de se joindre, et capables de donner à la République par leur action commune cette force, cette cohésion, cette stabilité que les monarchistes ont toujours redoutée et cherché à empêcher avant tout parce qu'elle était la condamnation éternelle de leurs espérances.

Il m'a paru utile, indispensable même, de rappeler ces faits pour apprécier votre manifeste, Monsieur le Comte.

Car, dès le début, j'y vois parfaitement indiquée la part de direction qui vous revient, dans toutes ces intrigues des partis monarchiques, qui ont neutralisé jusqu'à ce jour les meilleurs efforts du gou-

vernement républicain pour amener, tant dans les chambres législatives que dans le pays, une conciliation si désirable dans l'intérêt public,
mais contraire à votre intérêt propre, celui de vos prétentions dynastiques.

Déjà, il y a quelques mois, tant en Suisse qu'à Jersey, vous aviez
tenu à vos fidèles, qui étaient allés vous visiter, un langage alors
énigmatique: « Ayez confiance, mes amis, et redoublons d'efforts, *le
moment approche.* »

C'était avant la chute du ministère Goblet, et vous prévoyiez déjà
l'incident qui allait vous donner les moyens de la provoquer : le vote
sur la suppression des sous-préfectures, sans doute.

Aujourd'hui, vous vous sentez presque la main dans le Gouvernement, et le moment vous semble bien près d'être *arrivé.* Aussi opé-
rant un mouvement de conversion, une volte-face complète, semblable à celle déjà exécutée par vos amis, vous leur recommandez *de ne
plus aggraver les crises parlementaires,* crises dont cette pauvre République *donne le trop fréquent spectacle.*

Et, comme s'ils avaient agi de leur initiative, vous les félicitez de
s'être prêtés à la constitution du ministère Rouvier, « cause, *après
de graves périls, du calme apparent dont l'honneur revient principalement aux monarchistes de la Chambre.* »

Vous les honorez de votre haute approbation *pour le rare patriotisme* qu'ils ont montré dans cette *mémorable circonstance. Ils ont
bien mérité, dites-vous, de la France conservatrice...* »

Voilà un bel élan et de pompeux éloges, qui ont dû rendre ces Messieurs bien fiers, mais dont ils ont dû bien rire en dessous. En effet,
ce n'est pas à eux qu'ils sont destinés. Vous espérez qu'ils sonneront
bien aux oreilles de ces bonnes et braves gens des petites villes et des
campagnes, habitués à entendre journellement injurier et calomnier
la République et à qui on présente sans cesse la Monarchie comme le
Droit et le Salut.

Il fallait bien aussi donner le change à cette population simple et
honnête, sur les véritables motifs de la soudaine conversion des monarchistes de la Chambre, laquelle a bien dû la surprendre quelque
peu , et couvrir ces Messieurs, par votre haut patronage, du vote
indigne qui avait précédé cette conversion !

Tels sont, du moins, les seuls motifs que j'aperçoive à ces éloges
exagérés, véritable hors-d'œuvre dans le manifeste.

Quant au fait lui-même de la conversion, il est impossible d'y voir
autre chose qu'une manœuvre de haute politique, d'ailleurs vieille
comme le monde; après les entreprises de la force, celles de la ruse;
après dix ans d'un siège inutile, le cheval de Troie.

Mais ce calme apparent dissimule mal les périls de l'avenir.

Les considérations électorales qui dominent une Chambre elle-même toute puissante stérilisent tous les efforts tentés pour rétablir l'ordre dans les finances ; l'instabilité du pouvoir exécutif isole la France en Europe ; la tranquillité matérielle est à peine assurée. Partout la faction trionphante opprime le reste des citoyens; personne enfin n'a confiance dans le lendemain.

II

Calme apparent. En effet, dû à vos partisans, il ne saurait qu'être éventuel, car il ne pourrait se maintenir qu'autant qu'on leur accorderait, selon vos instructions, dans la *direction des affaires, l'influence que leur nombre leur permet d'exercer aujourd'hui sur les décisions de l'assemblée.*

Voilà le cheval de Troie, grâce auquel vous espérez faire pénétrer assez de vos amis dans la République pour la supprimer, à bref délai, et l'étouffer.

Que le Gouvernement refuse de vous laisser peser, *d'un juste poids,* sur la nation en vous confiant sa direction politique, le calme cesse, les hostilités sont reprises, et apparaissent alors les périls mal dissimulés de l'avenir.

Ces périls sont tous causés, bien entendu, par la République.

D'abord, *les considérations électorales qui stérilisent tous les efforts pour arriver à une bonne administration et à l'ordre dans les finances.* La situation de cette malheureuse République est si tourmentée ! Comment le Gouvernement pourrait-il vivre sans tenir compte de ces considérations? N'est-ce pas une obligation pour lui de faire sans cesse des concessions à ceux dont il dépend : députés, sénateurs, électeurs, journalistes, public? Hélas ! ces concessions, c'est le balancier qui l'aide à se tenir en équilibre sur la corde tantôt raide et tantôt lâche, tendue sous ses pieds.

Vous avez raison, Monsieur le Comte, cette instabilité du pouvoir exécutif est une cause de faiblesse à l'extérieur et à l'intérieur, et tout brave citoyen, honnête, éclairé, patriote, la déplore. Mais il sait à qui en faire remonter l'origine et en attribuer la responsabilité.

Vous exagérez, d'ailleurs. Ce ne sont pas les considérations électorales qui s'opposent seules au rétablissement de l'ordre dans nos finances ou, pour parler plus exactement, à la réduction des dépenses et par suite du chiffre exagéré de nos budgets. Vous savez très bien, Monsieur le Comte, que les partis monarchiques, en dehors de leur parti-pris d'opposition, se sont toujours montrés hostiles à toute proposition tendant à amener la réduction de ces dépenses. Il est vrai qu'une fois, une seule, ils se sont associés à l'une de ces propositions, en votant la suppression des sous-préfectures ! Mais il n'y a pas lieu, je crois, de revenir sur ce vote et surtout de le faire porter à leur actif, au point de vue spécial qui nous occupe.

Quant à *l'oppression* que *la faction triomphante* exerce sur le reste des citoyens, vous me permettrez de la comparer un peu à celle dont se plaint N. T. S. Père le Pape, et à la servitude et à la misère à laquelle elle le condamne.

Un de mes principes est que tout excès est un défaut, c'est-à-dire, en politique, un abus, même et surtout les excès de la liberté. Vous avez longtemps profité de ce défaut, et vous en avez abusé. Votre manifeste est la pleine justification de cet acte d'oppression qui vous a interdit le territoire de la République. Devenu Roi, votre première mesure ne serait-elle pas d'exercer cette oppression contre tout compétiteur qui vous aurait disputé le trône, ou dont vous auriez à craindre les prétentions ?

Quant aux autres citoyens, où et quand, et par quel acte cette oppression s'est-elle manifestée ? Qui pourrait la reprocher justement à la République ?

Enfin vous exagérez encore lorsque vous alléguez que personne n'a confiance dans le lendemain. Si vous ne viviez pas à des hauteurs et dans un milieu dont l'accès est à peu près interdit à la vérité, vous sauriez que ce n'est pas seulement la moitié, plus un, mais les trois ou quatre cinquièmes de la France qui savent, comprennent ou sentent que le régime républicain, résultant du suffrage universel, subit encore les maladies de l'enfance, mais que sa vie n'est pas en cause. Ils n'ignorent pas que le temps en sera le meilleur remède. Ils peuvent enfin craindre encore quelque trouble, quelque retard dans le développement complet de ce régime, mais ils en attendent finalement l'ordre et la paix, et par eux, la plus grande sécurité, la grandeur et la prospérité de la France.

Quant au *lendemain*, c'est-à-dire, à la crainte de révolutions prochaines, croyez bien qu'ils sont sans appréhension à cet égard, sachant encore que la République est le seul gouvernement qui, en principe comme en fait aujourd'hui, soit capable d'éloigner à jamais cette effrayante perspective.

Cette situation impose d'autres devoirs aux monarchistes dans le pays. N'étant pas liés devant la nation comme ils le sont dans le Parlement par un mandat limité, ils ont une tâche plus lourde à remplir ; ils doivent montrer à la France combien la Monarchie lui est nécessaire, et doivent la rassurer sur les dangers imaginaires de la transition, lui prouver que cette transition peut s'effectuer légalement.

Vainement le Congrès a-t-il proclamé l'éternité de la République ; ce que le Congrès a fait, un autre peut le défaire, et le jour où la France aura manifesté clairement sa volonté, aucun obstacle de procédure n'empêchera la Monarchie de renaître.

III

Mais il fallait bien, comme la chatte de la Fable, déclarer que la maison menaçait ruine, pour y chercher le motif d'une reconstruction à votre profit, et exposer vos nouveaux plans.

Plans fort instructifs d'ailleurs.

« *Montrer à la France combien la Monarchie lui serait nécessaire, et combien le rétablissement en serait facile ; — la rassurer sur les dangers* IMAGINAIRES *de la transition, lui* PROUVER *que cette transition peut s'effectuer légalement...* »

En vérité, Monsieur le Comte, on dirait que les Princes, placés si haut et si loin de la masse du peuple qu'ils se croient cependant seuls aptes à gouverner, ont de plus un épais bandeau sur les yeux. Est-ce que, depuis le troisième avènement de la République, vos partisans ont manqué une seule occasion, et par leurs attaques et par leurs promesses, de travailler au rétablissement de la Monarchie ? Et s'ils n'ont pas réussi jusqu'à présent, qu'attendez-vous de plus d'eux aujourd'hui ?

A qui persuaderont-ils que ce rétablissement serait facile ? Qu'il s'accomplirait, sans une commotion nouvelle plus terrible peut-être que toutes celles de ce siècle, si fécond cependant en convulsions sanglantes ? Qu'il pourrait sortir enfin légalement du vote d'un congrès qui substituerait la Monarchie au régime républicain, pacifiquement sorti de circonstances fatales, et qui a déjà jeté dans la nation les racines de dix-huit années d'existence ?

Et où trouver les éléments de ce congrès ?

« *Quand la France, dites-vous, aura manifesté clairement sa volonté, aucun obstacle de procédure n'empêchera la Monarchie de renaître.* »

Reportez-vous, Monsieur le Comte, à cette autre assemblée où la Monarchie avait la majorité effective, où vos amis tenaient tous les pouvoirs, où vous aviez des ministres résolus et, à la tête de l'Etat, un maréchal de France qui vous promettait le concours de l'armée et n'attendait qu'un ordre. Il suffit de la parole d'un représentant pour réduire à l'inaction toutes ces bonnes volontés et mettre à néant toute cette périlleuse entreprise.

« Quand la France, s'était écrié Gambetta, aura fait entendre sa voix souveraine, croyez-le bien, Messieurs, il faudra se soumettre ou se démettre !... »

Et Gambetta fut prophète !

C'est qu'en tenant ce ferme et fier langage, il savait bien, lui, être l'interprète du pays presque entier. La souveraineté du peuple était pour lui la vérité politique et le droit national. Il ne réduisait pas l'existence légale de la République à une simple question de procédure.

Toutefois, instruit par une triste expérience, le pays croit peu aux transformations légales et régulières de son état politique. Son histoire malheureusement lui fournit trop de raisons de prévoir une de ces crises violentes qui semblent avoir pris dans notre vie nationale un caractère périodique.

Si une telle crise se produit, la Monarchie peut et doit en sortir, mais elle ne l'aura pas provoquée. La crise sera l'œuvre de certains républicains, soit que les passions et les souffrances populaires exploitées par des ambitions criminelles amènent des troubles civils, soit qu'une faction politique ait recours à la force pour s'emparer du pouvoir suprême.

Le jour où la légalité aura été violée, la Monarchie apparaîtra comme l'instrument nécessaire au rétablissement de l'ordre et le gage de la concorde.

IV

Il n'est que trop vrai que les crises violentes semblent avoir pris dans notre vie nationale un caractère périodique.

Mais, toujours, à qui la faute ?

Qui s'oppose, depuis un siècle, à l'expansion de cet esprit de progrès qui pousse la partie intelligente et éclairée de la nation vers un régime de liberté, de tolérance, de moralité, d'ordre, de paix, de justice, qui seront la conséquence infaillible de la complète application des idées de Liberté, d'Egalité et de Fraternité, ce triple symbole de la République ?

Pensez-vous donc endiguer, arrêter toujours cet esprit de progrès ?

Non, Monsieur le Comte, car il est de sa nature d'aller sans cesse en avant, de monter toujours, de se développer et de s'étendre, et comme la vapeur et certains gaz, à un degré déterminé de compression, de briser tout ce qui lui fait obstacle.

C'est la raison de toutes nos révolutions, et elle n'accuse que les monarchistes, qui, affolés par la peur ou l'ambition, se sont toujours placés en travers de son mouvement.

Quand donc, vous cherchez à faire entendre qu'une crise nouvelle, si elle venait à éclater, serait l'œuvre, « *non des partis monarchiques, mais de certains républicains, soit que les passions ou les souffrances populaires exploitées par des ambitions criminelles amènent des troubles civils, soit qu'une faction politique ait recours à la force pour s'emparer du pouvoir suprême...* » Quand vous dites cela, ne voyez-vous pas que votre manifeste vous donne le plus formel démenti ?

Quel est son but, en effet, si ce n'est de provoquer cette crise, par l'affaiblissement du Gouvernement, d'une part, en recrutant contre lui de nouveaux adversaires, de l'autre, en excitant l'esprit de défiance des masses que vous savez bien vous être hostiles, et exaspérant ainsi les passions populaires ?

Vous espérez qu'à un moment donné il sera débordé par toutes ces difficultés amoncelées autour de lui, et qu'alors la crise surgissant, vous deviendrez l'arbitre de la situation et apparaîtrez, la Monarchie en mains, *comme instrument nécessaire du rétablissement de l'ordre et gage de la concorde.*

Hélas ! Monsieur le Comte, je crains bien que vous ne poursuiviez un rêve, et un méchant rêve !

L'opinion publique est là pour calmer les passions exagérées et juger les ambitions criminelles. Croyez bien que la République y puisera assez de force pour venir à bout de ses ennemis et briser tous les bâtons que l'on s'efforcera de jeter dans ses roues.

Que si, malgré tout, vous parveniez à la faire dérailler, ce n'est pas pour vous que vous auriez travaillé, Monsieur le Comte, mais pour le césarisme ou une dictature quelconque.

Et vous savez mieux que personne ce que vous coûterait le césarisme : l'exil, la confiscation, et, un pied imprudent risqué sur le territoire, vingt balles de plomb dans la poitrine ! — à l'allemande !

———

Mais il est bon que la France sache à l'avance ce que sera cette Monarchie. Le moment est favorable pour le lui dire, pour l'avertir qu'elle ne marquera pas un retour en arrière. Il faut lui montrer que le principe de la tradition historique, avec sa merveilleuse souplesse, peut s'adapter aux institutions modernes ; qu'il apportera au gouvernement de notre société démocratique l'élément pondérateur qui manque sous le régime républicain, et qu'il jouera dans cette société un rôle non moins efficace que dans les vieilles monarchies européennes qui se sont pacifiquement transformées.

Si la Monarchie capétienne a constitué l'unité et développé la puissance de la France à travers toutes les vicissitudes de notre longue histoire, c'est qu'elle a eu pour origine de sa grande mission un véritable pacte national, pacte conclu aux premières heures de notre histoire entre ceux qui représentaient alors la France naissante et la famille dont le sort devait rester uni au sien, dans la mauvaise comme dans la bonne fortune.

Pour fonder, après tant de révolutions, un gouvernement dont la base soit plus ferme et plus sage qu'une simple prise de possession du pouvoir, ou une délégation de la souveraineté du nombre, il faut faire revivre la tradition historique par un accord librement consenti entre la nation et la famille dépositaire de cette tradition. Cet engagement réciproque, consacrant le droit historique, engage, comme tous les contrats, les générations futures, et peut seul garantir à la fois la stabilité dont la France a besoin pour reprendre son rang en Europe et la vraie liberté, qui est surtout la protection des faibles.

V

Admettons cependant que, par impossible, un jour arrive, jour fatal, jour d'angoisse, lendemain de guerre civile ou de nouveau Sédan, admettons, dis-je, qu'un jour la Monarchie se reconstruise et que vous deveniez l'heureux possesseur du trône.

Vous déclarez que « *cette Monarchie ne marquera pas un retour en arrière ;* » — « *Que la tradition historique, avec sa* MERVEILLEUSE SOUPLESSE, *saura s'adapter à toutes les institutions, à tous les progrès modernes...* »

Il est fâcheux que, depuis un siècle, notre histoire soit en contradiction constante avec ces assertions. La révolution de 1789, celle de 1830, celle de 1848, toutes amenées par les résistances opiniâtres de la Monarchie à de justes revendications, à des manifestations incessantes de l'opinion publique, ne prouvent pas précisément une grande aptitude de la tradition monarchique à se plier aux vœux du peuple, à se prêter à toutes les justices, à tous les progrès. Un peu seulement de cette merveilleuse souplesse dans l'esprit du roi Louis XVI, et la Monarchie traditionnelle était sauvée, et avec elle la France qui aurait évité ses longues et cruelles épreuves et ne se verrait pas aujourd'hui troublée, opprimée, réduite à l'impuissante par les luttes de partis qui n'existaient pas alors et n'auraient pas eu l'occasion de se former.

Vous ne seriez pas hors de France, Monsieur le Comte, et ne vous croiriez pas obligé de confectionner des manifestes.

Heureuses, je ne crains pas de le dire, les nations gouvernées par des dynasties, sans cesse attentives, s'il en est, à faire profiter les citoyens de toutes les améliorations et progrès, au fur et à mesure qu'ils se manifestent autour d'elles et n'attendant pas, pour les appliquer, que la concession leur en soit violemment ravie ! Ces dynasties là ne seront jamais menacées ; elles ont pour fondement l'intérêt bien entendu des peuples et par suite, leur respect et leur reconnaissance. C'est en partie, ce qui peut expliquer la transformation pacifique de quelques monarchies européennes ; je dis, en partie, parce que les rudes leçons de nos révolutions n'ont pas été étrangères à cette transformation.

Mais la France aujourd'hui ne saurait être comparée à ces Monarchies.

Initiatrice d'un mouvement de progrès sans exemple dans le passé, elle a rompu, à plusieurs reprises, la tradition, en émettant des principes nouveaux que les familles monarchiques n'ont pas voulu comprendre et qu'elles se sont attachées à dénaturer plutôt qu'à sincèrement appliquer. De là leur chute : celle définitive des Bourbons avec Charles X ; celle des Orléans avec Louis-Philippe. Elle est irrémédiable. Une nouvelle génération est née et a grandi qui ne connaît plus que par l'histoire la branche aînée de ses anciens rois, disparue, éteinte, et bien peu la branche cadette. pour laquelle, il faut bien le reconnaître, elle montre peu de sympathie.

Trop souvent déçue, trompée même par tous ceux qui, depuis un siècle, se sont offerts ou imposés pour la gouverner, la nation française n'a plus de confiance qu'en elle-même. Elle a pris en mains les rênes de l'Etat et n'a plus besoin, pour se conduire, d'automédon royal ou impérial. Chez elle le principe monarchique a vécu. Le régime républicain est le seul dont elle attende désormais l'ordre et la paix, indispensables pour la prospérité des arts, du commerce et de l'industrie, qui sont aujourd'hui ses seuls besoins, ses seules aspirations.

Ce pacte ancien sera remis en vigueur au nom de la France soit, par une Assemblée constituante, soit par le vote populaire. Par cela même qu'elle est inusitée sous la Monarchie, cette dernière forme est plus solennelle et peut mieux convenir à un acte qui ne doit pas se renouveler ; elle permet de donner sans retard une assise solide de la constitution. Un gouvernement porté par l'opinion publique comme le sera la Monarchie le jour de son avènement, n'a rien à craindre de cette consultation directe de la nation.

C'est au suffrage universel direct que doit appartenir le choix des députés. Grâce à son origine antique et à son établissement nouveau, la Monarchie sera assez forte pour concilier la pratique du suffrage universel avec les garanties d'ordre que lui demandera le pays, dégoûté du parlementarisme républicain. Le pays voudra un gouvernement fort, parce qu'il comprend très bien que, même le véritable régime parlementaire, celui qui sous la Monarchie jeta tant d'éclat de 1816 à 1848, n'est pas compatible avec une Assemblée élue par le suffrage universel. Il faut modifier le mécanisme pour l'adapter à ce nouveau et puissant moteur.

VI

Vous attendez d'être élu roi de France, soit par une Assemblée constituante, soit par un vote populaire, *qui ne devrait pas se renouveler.*

Précédemment vous avez dit : « *Vainement le congrès a-t-il proclamé l'éternité de la République, ce que le congrès a fait un autre peut le défaire.* »

Congrès ou Assemblée constituante, ici, c'est tout un. Pourquoi les décisions de cette assemblée n'auraient-elles de vertu, au point de vue de l'éternité, qu'en ce qui touche la Monarchie ?

La nation vous connaît, elle sait votre illustre origine, elle a foi en vos promesses, elle a mis en vous ses espérances. Soit par ses représentants, soit directement par un plébiscite, elle a fait de vous son élu.

Elle reconnaît plus tard son erreur. Vous n'avez pas tenu vos engagements ou rempli ses vues. Ou bien, en cas de mort, votre héritier ne lui inspire pas de confiance, ou elle se trouve en face d'une tutelle et d'une régence compromettantes pour ses intérêts. Pourquoi l'acte accompli antérieurement à votre profit, ne pourrait-il se renouveler au profit d'un autre qui paraîtrait réaliser des conditions que vous ne remplissez plus ?

Si un congrès peut défaire ce qu'a fait un précédent congrès, évidemment un vote populaire peut détruire un autre vote populaire.

Singulier contrat ! s'il en était autrement.

Supposez, en effet, Monsieur le Comte, qu'un grand hôtel, un palais pour mieux dire est vacant. Un personnage de haut rang et de grande fortune se présente et convient avec le propriétaire d'un bail perpétuel, moyennant quoi il s'engage à payer chaque année une somme de... et le propriétaire à ne jamais pouvoir l'évincer pour quelque motif que ce soit. Il a payé d'avance la première année, et dès la seconde, le propriétaire n'ayant aucune action sur lui, il refuse tout paiement.

Voilà cependant le contrat que vous proposez à la nation. Il ne reste au malheureux propriétaire que la voie violente de briser ses vitres, arracher ses fenêtres, enlever son toit pour forcer son locataire à déguerpir, c'est-à-dire une révolution.

Ah ! si vous saviez, Monsieur le Comte, combien nous tous en France, habitants des villes et des campagnes, nous sommes las des révolutions !

Vous voulez bien, d'ailleurs, laisser le choix des députés au suffrage universel.

Votre aïeul Louis-Philippe avait bien compris que la simple adjonction des capacités pour l'électorat menaçait son pouvoir, et c'est pour ce motif qu'il la repoussait si opiniâtrement. Suffrage universel et monarchie héréditaire sont tout à fait incompatibles. Ce sont des pouvoirs souverains destinés à entrer promptement en lutte, et le dernier finalement doit succomber.

Vous rappelez le régime parlementaire qui jeta, dites-vous, tant d'éclat, de 1815 à 1848. Au point de vue de l'éloquence, oui. Mais je ne puis oublier que c'est sous ce régime, qui vous paraît constituer par excellence le gouvernement fort, que sont tombées deux dynasties.

Je vous vois donc, Monsieur le Comte, monarque constitutionnel comme votre aïeul en 1848. Le pays, par la voix de ses représentants, vous réclame une réforme, — religieuse, par exemple — à laquelle, en vertu de votre prérogative royale, vous croyez devoir opposer votre *veto*, comme Charles X et Louis-Philippe l'ont fait pour d'autres questions. Mais la poussée populaire déterminée par ce nouveau et puissant moteur, le suffrage universel, enlèverait votre trône comme un fétu !...

Sous la République, la Chambre gouverne sans contrôle; sous la Monarchie, le roi gouvernera avec le concours des Chambres. A côté de la Chambre des députés, une autorité égale appartiendra au Sénat, en majeure partie électif, et qui réunira dans son sein les représentants des grandes forces et des grands intérêts sociaux. Entre ces deux Assemblées, la royauté ayant des ministres pour interprètes, pouvant s'appuyer sur l'une ou l'autre Chambre, sera éclairée, guidée, mais non asservie. Il suffira d'une modification de nos pratiques parlementaires pour maintenir l'équilibre et prévenir toute domination exclusive de l'une ou l'autre Chambre.

VII

Il n'est pas exact que la Chambre gouverne sans contrôle. Le Président de la République et le Sénat, qui n'émanent d'elle qu'en partie, ont montré à plusieurs reprises que ce contrôle, peut-être insuffisant, était cependant effectif.

Le suffrage universel en est un second et puissant, par le droit de blâme et de réprobation qu'il exerce contre les députés dont il n'approuve pas les tendances ou la conduite. Il en a usé, notamment, dans deux circonstances mémorables, qui ont dû vous frapper, lorsqu'il a repoussé deux hommes éminents dont il a condamné, par le fait, les idées politiques et les moyens absolus de gouvernement: M. Buffet, président de la Chambre, et M. de Broglie, deux fois ministre.

Du reste, la constitution actuelle ne peut être considérée que comme provisoire. Elle est perfectible. Elle est née dans un moment critique, et le rôle prépondérant donné à la Chambre n'a eu d'autre but que de protéger la France contre une nouvelle erreur du suffrage universel, en lui permettant d'écarter de la Présidence de la République les ennemis et les traîtres.

Un jour, qui ne peut tarder beaucoup, la constitution sera révisée, et les pouvoirs législatif et exécutif séparés et rétablis chacun dans leur rôle normal.

En attendant, notre régime gouvernemental, tout défectueux qu'il est, présente encore plus de garantie pour l'ordre et la paix, que le système contradictoire que vous proposez, système condamné par de trop douloureuses expériences.

Le budget, au lieu d'être voté annuellement, sera désormais une loi ordinaire, et ne pourra conséquemment être amendée que par l'accord des trois pouvoirs. Chaque année la loi de finances ne comprendra que les modifications proposées par le Gouvernement au budget antérieur ; si ces propositions sont rejetées, tous les services publics ne seront pas suspendus et les intérêts privés compromis comme par le refus du budget, et cependant les vrais principes constitutionnels seront scrupuleusement respectés, car aucun nouvel impôt ne pourra être établi, aucune dépense nouvelle ne sera décidée sans le consentement des élus de la nation.

A ces élus reviendra également la tâche de discuter librement toutes les questions qui intéressent le pays ; d'écouter toutes les protestations que pourra soulever l'action gouvernementale. Si les protestations sont légitimes, ils en seront les premiers interprètes, et l'adhésion de l'autre Assemblée ne leur fera pas défaut. Mais un caprice de la Chambre des députés ne pourra plus, à l'improviste, paralyser la vie publique et la politique internationale.

VIII

Vous parlez du budget comme si la France était dans une situation bien assise, comme si son budget était arrêté pour longtemps d'une manière définitive et susceptible seulement de légères modifications dans les détails.

C'est une grave erreur.

La République a hérité du second Empire un budget énorme, colossal. Les conditions de son avènement, la nécessité de reconstituer à nouveau l'armée et la marine, le développement peut-être trop considérable donné aux travaux et à l'instruction publique, les entreprises lointaines destinées à ouvrir un champ plus vaste à notre commerce, l'ont encore accru et compliqué. Il exige des études constantes et des moyens nouveaux pour être ramené à des proportions plus en rapport avec les ressources des contribuables.

D'autre part, la République étant un gouvernement de liberté, de loyauté, de simplicité, et toutes les conditions économiques ayant été changées par les applications de la vapeur et de l'électricité, relativement aux distances et à la facilité des moyens de communication, il est certain que des réformes profondes s'imposent comme étant la conséquence de ce double mouvement. Elles doivent atteindre le système si compliqué, si onéreux, souvent si injuste et si vexatoire de l'impôt ainsi que l'administration générale et les services publics, tous organisés depuis près d'un siècle, tous pléthoriques, tous centralisés et hiérarchisés outre mesure. Le public intelligent le sait, et il réclame avec insistance ces réformes, parce qu'il comprend que par elles seules les dépenses du budget pourront être sensiblement réduites.

J'ai prononcé plusieurs fois le mot de réforme. Je sais que le mot seul fait peur aux gouvernements. Il faut, en effet, pour les réaliser, non seulement de l'étude, du travail, une connaissance approfondie des intérêts en cause, de l'initiative, mais encore du désintéressement, de la bonne volonté, et une énergie persévérante résultant de la foi dans l'œuvre à accomplir. Or les ministres les mieux intentionnés trouvent devant eux d'insurmontables obstacles. Car, avec une bureaucratie qui atteint ses limites extrêmes, ou chacun tient à l'administration par lui-même, ou par ses proches, par ses influences ou ses espérances, tout projet général de réforme, menaçant toujours quelques intérêts particuliers, est accueilli dans les bureaux par une opposition sourde ou ouverte, et la force d'inertie finit par avoir raison des meilleurs efforts.

Aussi le Gouvernement ne parvient-il à présenter que des projets bâtards, ayant beaucoup moins pour but de réaliser pleinement ces réformes, que de leur créer de nouveaux obstacles pour les reculer indéfiniment. Ainsi des projets Dauphin qui ont amené la chute du ministère GOBLET. Et alors il arrive ceci: C'est que la commission du budget, qui a plus spécialement pour mission de poursuivre la réalisation de ces réformes, prend l'initiative et propose à la Chambre des suppressions de dépense qui, régulièrement, devraient être la conséquence de lois préalablement votées.

De là des conflits entre la Chambre et le Gouvernement, et entre la Chambre et le Sénat : ce dernier, soit qu'il subisse l'influence du Gouvernement, soit qu'il agisse comme une cour de cassation préoccupée surtout de l'irrégularité de ces suppressions, refusant de sanctionner les décisions prises par la Chambre.

Cette situation, déplorable pour le pays, est la principale cause, depuis plusieurs années, des violences de l'opposition radicale à l'Assemblée, ainsi que des fréquentes crises ministérielles et du malaise général qui en résulte.

Mais il n'est douteux pour personne que les partis monarchiques sont hostiles à toute réforme importante, et ce que vous appelez *un caprice de la Chambre des députés qui paralyse, à l'improviste, la vie publique,* ne trouve son explication que dans la conduite de ces partis qui font la majorité en se joignant, tantôt à l'une, tantôt à l'autre des fractions républicaines, dans le seul but de faire échec à la République.

C'est ainsi qu'on a vu longtemps un petit clan de quatre ou cinq députés bonapartistes faire la loi à la Chambre, à peu près également partagée, en s'alliant, par ses votes, tantôt à la droite, tantôt à la gauche, selon les besoins de sa politique de parti.

C'est ce qui est arrivé plus récemment pour le fameux vote de suppression des sous-préfectures.

C'est donc encore et toujours les partis monarchiques que la République trouve en face d'elle, quand elle cherche consciencieusement à faire des économies et des réformes dans l'intérêt public, et qui créent les difficultés, ou, selon votre expression, les caprices de la Chambre.

On comprend aisément, du reste, qu'avec le système que vous exposez, de pareils caprices ne se produiraient pas, car la Chambre n'aurait à statuer sur aucune réforme.

Tel est aujourd'hui le budget, tel il serait toujours, et loin de perdre de son excessive rotondité, il la développerait encore.

La Monarchie devra rétablir l'économie dans les finances, l'ordre dans l'administration, l'indépendance dans l'exercice de la justice ; elle devra relever pacifiquement notre situation en Europe, nous faire respecter et rechercher par nos voisins. Les ministres qui la serviront dans cette grande entreprise ne sauraient en poursuivre la réalisation avec persévérance s'ils craignent de voir leurs efforts interrompus par un simple accident parlementaire ; ils se sentiront affranchis de cette crainte le jour où ils seront responsables, non plus devant une seule Chambre omnipotente, mais devant les trois pouvoirs investis de la puissance législative.

Ainsi les députés, ne pouvant plus élever ou renverser les ministres, n'exerceront plus cette influense abusive qui est aussi funeste pour l'Assemblée que pour l'administration.

IX

Il est facile de dire que la Monarchie *rétablirait* l'économie *dans les finances*.

Par quel moyen, je vous prie, puisque ses tendances conservatrices la porteraient à amplifier plutôt qu'à simplifier le système existant, fiscal et administratif, monarchique d'origine ?

L'ordre dans l'administration ?

Mais n'est-ce pas la promesse de maintenir l'administration telle qu'elle est, avec sa riche hiérarchie, ses services nombreux, ses rouages compliqués, sa bureaucratie paperassière et ruineuse ? Les étendre encore peut-être ?

L'indépendance dans le service de la justice ?

En quoi, pourrait-on vous demander, cette indépendance est-elle blessée ? — En Monarchie, comme sous la République, les juges relèvent-ils d'une autre autorité que celle de leur conscience ? — Je sais bien, il y a l'inamovibilité, privilège détruit par la République et que, vous vous hâteriez de rétablir. Mais en quoi cette inamovibilité est-elle un garant de l'indépendance, de l'impartialité des juges ? Quelles protestations a-t-elle soulevées contre l'établissement des commissions mixtes après le 2 décembre ? Quelle indépendance, quelle impartialité a-t-elle donnée aux juges de la Seine qui, le 11 septembre 1877, sur l'ordre de M. de Broglie, votre futur ministre, condamnaient Gambetta à trois mois de prison et 2,000 francs d'amende pour avoir proclamé cette vérité si simple, si légale, et que l'événement a si rapidement confirmée : « Quand la France aura fait entendre sa voix souveraine, il faudra bien se soumettre ou se démettre. »

Voilà, Monsieur le Comte, si vous deveniez roi, comment vous rétabliriez l'ordre dans les finances, dans l'administration et dans la justice.

Et vous ne pourriez faire autrement !...

Relever *pacifiquement*, dites-vous, notre situation en Europe ?... Mais la crainte de mécontenter telle ou telle puissance ne vous inspirerait-elle pas fatalement la politique de votre aïeul Louis Philippe ?... Vous ne tarderiez pas sans doute, par trop de prudence, à compromettre les intérêts et l'bonneur de la France et nous reverrions de nouveau le refus d'annexion de la Belgique, le blocus de Beyrouth, de nouvelles indemnités Pritchard. Ou bien, acculé à une situation difficile à l'intérieur, vous feriez comme vos devanciers, comme Napoléon III par exemple en 1870, et chercheriez le salut du trône dans une guerre où la France, cette fois, pourrait périr !...

Telles sont les seules perspectives que sous ces divers rapports votre Monarchie, — comme toute autre d'ailleurs, — permette d'entrevoir.

Je ne veux pas m'arrêter à vos critiques sur l'instabilité actuelle des ministres. Elles sont justes en partie, mais vous avez mauvaise grâce à vous prévaloir d'une situation qui, ainsi que j'ai eu souvent l'occasion de le démontrer plus haut, est votre œuvre.

Si la Chambre était homogène, je veux dire, composée uniquement d'hommes de progrès, plus ou moins avancés, plus ou moins impatients, même violents, jamais la situation ne se serait produite à l'état aigu où l'ont mise, grâce à vos prétentions, les menées monarchiques. Une majorité considérable donnerait aux ministres une stabilité, une fixité qui leur permettrait de s'engager, d'un pas prudent, mais ferme et assuré, dans la voie des réformes les plus urgentes, extrayant des propositions les plus radicales, les plus extrêmes, ce qu'elles auraient de fondé, de juste et d'immédiatement praticable, attendu qu'il n'y en a pas une seule qui ne soit dans ce cas. L'opposition de la minorité républicaine perdrait, par cela même, de son acuité, et quant aux intransigeants, aux violents quand même, ils se trouveraient réduits à un si petit nombre qu'en face de leur impuissance, les ministres n'auraient à leur faire aucune concession, surtout aucun sacrifice. Ils perdraient, d'ailleurs, toute velléité d'ambitionner un pouvoir qu'ils sauraient être pour eux insaisissable.

Les constitutions ne valent que par l'esprit dans lequel elles sont appliquées, la France le sait bien. Il importe donc, avant tout, de la convaincre que la Monarchie nouvelle saura satisfaire simultanément ses besoins conservateurs et sa passion de l'égalité. Sous la protection du gouvernement monarchique, la France pourra recouvrer dans la paix et le travail sa prospérité ancienne. Grâce à la confiance inspirée par la solidité de ses institutions, elle aura l'autorité nécessaire pour traiter avec les puissances et poursuivre l'allègement simultané des charges militaires qui ruinent la vieille Europe au profit des autres parties du monde.

X

Il faudrait s'entendre, Monsieur le Comte, sur ces mots : besoins ou intérêts CONSERVATEURS. Depuis trop longtemps, cette équivoque sert à la fois d'arme et de masque aux vieux partis.

M. Thiers, monarchiste toute sa vie et autoritaire dans l'âme, forcé par les circonstances, à plus de 75 ans, après avoir constaté l'impossibilité du retour de la Monarchie, de se prononcer pour la République, a dit : « *La République sera* CONSERVATRICE *ou elle ne sera pas !* »

En 1848, il lui demandait d'être *honnête et modérée*. On agitait alors le spectre rouge et les souvenirs de 1793 qui, promenés par toute la France, nous ont, par parenthèse, valu la présidence de Louis Napoléon Bonaparte et, quatre ans après, le second Empire.

Aujourd'hui, on oppose la République CONSERVATRICE à la République RADICALE.

Différence dans les mots, mais au fond toujours la même chose : nécessité de réformes reconnue, mais les uns les voulant à petites doses, les autres les voulant complètes et impatients d'en jouir le plus tôt possible.

Il y a un milieu : la République tout simplement, ou *démocratique* si l'on veut, par opposition à la République *aristocratique*, qui ne serait qu'une forme de la Monarchie. Elle consiste à veiller à tous les intérêts de la nation, et, avec un soin égal, à ceux de toutes les catégories de citoyens, pauvres ou riches — *pauvres surtout*, parce que ceux-ci ont besoin de plus de protection que les autres.

Quels sont donc les besoins conservateurs spéciaux que vous avez en vue ?

Est-ce que le gouvernement républicain a, jusqu'à présent, porté atteinte à la famille, à la propriété, à la religion, au culte de la patrie, ces principes vraiment conservateurs de toute société civilisée ?

Est-ce que les députés, les sénateurs, les ministres républicains, tous ceux qui sont chargés de la confection ou de l'exécution des lois, ne sont pas des pères de famille, des propriétaires, des hommes respectueux de la liberté de conscience, des patriotes, des citoyens enfin, tous intéressés à la conservation de ces principes primordiaux de l'ordre social ?

Quant au reste, c'est-à-dire pour tous les faits de l'ordre politique ou administratif, ils sont variables et doivent suivre le progrès de la science, des idées, des mœurs, être toujours maintenus en rapport avec les besoins économiques du pays.

Je me déclare, quant à moi, hautement conservateur de tout ce qui, dans notre organisation sociale léguée par les siècles, est bon, vrai, juste, équitable, moral, honnête, humain ; — mais je ne vois aucune utilité à conserver ce que le temps et l'expérience ont fait reconnaître faux, suranné, injuste, onéreux, mauvais pour la paix et la morale publique, comme les castes, les partis, les privilèges et les faveurs de toute nature. Sous ce rapport, je me déclare franchement radical, et j'appelle de tous mes vœux les réformes les plus complètes et les plus promptes.

Vous prétendez satisfaire, en même temps que les besoins conservateurs, la passion de l'égalité — mais l'égalité n'est que le résultat de la vraie liberté, et c'est la passion de cette liberté qu'il conviendrait surtout de satisfaire et de régler. Car, grâce à la tradition, nous semblons tourmentés par un besoin de despotisme, contre lequel il faudrait réagir. Nous ne sommes pas satisfaits d'être les égaux de nos voisins, nous voulons être leurs supérieurs, et tendons toujours à devenir leurs maîtres. Dans tout serviteur nous voyons un esclave, dans tout ouvrier un artisan de notre rapide fortune. Sous d'autres rapports, toute minorité veut s'imposer à la masse, à tout prix, monarchie, empire, commune, religion ou secte religieuse.

Croyez bien, Monsieur le Comte, que la République seule, au moyen du suffrage universel, est capable d'inspirer le sentiment vrai de l'égalité, par celui de la justice, et d'atténuer, puis de faire disparaître à la longue cette rage de dominer notre semblable pour asseoir, le plus souvent, nos convenances et notre fortune sur sa dépendance et sa misère.

Seule, instrument le plus puissant de liberté et de progrès, elle peut assurer à la France, dans la paix et par le travail équitablement rémunéré, une prospérité bien assise, qui ne sera plus troublée par des factions hautes et basses, ni par la crainte de guerres suscitées par un besoin de politique, par un caprice de vanité blessée ou par des velléités de conquêtes.

C'est alors que, grâce à la solidité réelle, et non apparente, de nos institutions, grâce surtout à cette vérité bien connue, partout répandue et prouvée par des faits, que nous ne menaçons plus l'indépendance et le repos de personne, — c'est alors, dis-je, que la République française pourra traiter avantageusement avec les puissances et poursuivre l'allègement des charges militaires, qui, ainsi que vous le faites remarquer avec raison, ruinent la vieille Europe au profit des autres parties du monde.

Et comment ce résultat si désirable et ardemment désiré, la Monarchie pourrait-elle se flatter de l'atteindre, elle qui aurait besoin, pour se maintenir seulement, d'une armée toujours sur pied de guerre, et qui, sans cesse à la merci d'un lendemain révolutionnaire, manquerait précisément, aux yeux des puissances, des principaux moyens et de la stabilité nécessaire pour l'obtenir ?

La Monarchie accordera à tous les cultes la protection qu'un gouvernement éclairé doit aux croyances qui consolent l'âme humaine des misères terrestres, élèvent les cœurs, fortifient les courages. Elle garantira au clergé le respect qui lui est dû pour l'accomplissement de sa mission.

En restituant aux communes, dans le domaine des choses scolaires, l'indépendance qu'une législation tyrannique leur ravit, elle rendra à la France la liberté de l'éducation chrétienne ; elle assurera aux associations religieuses comme aux autres, la liberté, qui deviendra, sous certaines conditions d'ordre public, le droit commun de tous les Français, au lieu d'être comme aujourd'hui le privilège d'un parti. Ainsi sera rétablie la paix religieuse, qu'une politique intolérante troubla si profondément.

XI

Vous accorderiez votre protection à tous les cultes.

Mais il est facile de voir que, dans votre esprit, il n'en existe qu'un, le culte traditionnel, la religion catholique, qui a fondu depuis longtemps sa cause avec celle de la Monarchie, et qui redevenant, en réalité, religion d'Etat, reprendrait son intolérance et son antique suprématie. Ce que vous promettez donc, c'est l'éducation, sans conteste, de la jeunesse, à tous les degrés, par le clergé avec le retour et le développement des congrégations religieuses. Ce serait tout le passé rétabli, toute l'œuvre républicaine commencée de la liberté de conscience, détruite.

Vous appelez tyrannique, intolérante, une législation qui, en ramenant les prêtres dans l'église, leur seul et véritable domaine, a eu pour objet de réduire une influence dont ils ne se servent depuis un siècle que pour battre en brèche le gouvernement républicain, côte à côte avec les partis monarchiques.

Ah ! si c'est ainsi que vous pensez rétablir ce que vous appelez la paix religieuse, vous êtes loin de la vérité, Monsieur le Comte.

Personnellement, j'ai trouvé fort inopportun — bien qu'elles aient été prises par des *opportunistes* — les mesures relatives aux couvents non autorisés et un peu extraordinaire le mode d'application de ces mesures. Elles étaient, selon moi, inutiles et même dangereuses. Elles ont surexcité, sans profit pour la République, l'inimitié déjà ardente du clergé et suscité pour lui, de la part de nombreux catholiques et d'autres citoyens, les sympathies qui accompagnent toujours en France ceux qui sont, se déclarent ou paraissent opprimés. Les élections l'ont bien prouvé, d'ailleurs. Ç'a été là une mauvaise campagne.

Quant à l'enseignement, c'est autre chose. Il est indispensable, pour l'unité et la paix de l'opinion en France, que cet enseignement soit donné, celui de l'histoire surtout, par des hommes désintéressés, partageant les idées de leur époque, et non par des hommes systématiquement attachés au passé, et qui se déclarent les ennemis irréconciliables d'un ordre de choses indispensablement lié aujourd'hui à l'honneur, à la prospérité, à l'existence même de la France.

Le clergé catholique ne peut donc s'en prendre qu'à lui-même des rigueurs qu'il a provoquées, et que vous jugez à tort tyranniques et intolérantes.

Il en est de même de quelques mesures disciplinaires, la suppression temporaire du traitement, par exemple, qui ont frappé les prêtres récalcitrants, passionnés, abusant de la liberté de la chaire pour attaquer violemment la forme et les hommes du Gouvernement et détourner les citoyens de leurs devoirs politiques. Un fonctionnaire de l'Etat qui, sous la Monarchie, se permettrait de parler contre le Gouvernement qu'il sert, serait immédiatement révoqué. Le devoir du prêtre comme celui du soldat, dans les questions politiques est de rester neutre. Son rôle, dans la société, est tout moral. Il consiste, comme vous le dites, fort bien, Monsieur le Comte, *à consoler l'âme humaine des misères terrestres, à élever les cœurs, à fortifier les courages.* Ce rôle est assez beau pour qu'il s'y renferme.

Un soldat ne peut s'arroger le droit, parce qu'il n'approuve pas certains événements, certaines mesures politiques, de trahir sa patrie, comme l'a fait Bazaine. Le prêtre, dans le même cas, ne peut s'arroger celui d'apporter le trouble dans les consciences et dans les esprits, d'agiter son pays et de menacer la paix publique.

Quant aux associations religieuses, disons couvents, à qui vous promettez de nouvelles libertés, franchement cette institution ne cadre plus avec notre organisation sociale. Les couvents ne sont nécessaires, en réalité, ni à la religion, ni au culte. C'est une institution qui a pu être utile dans une époque de barbarie pendant le moyen-âge, mais qui n'a plus depuis longtemps de raison d'être. Elle est contraire à la liberté de l'homme et surtout aux besoins de travail et de protection du pays, qui se sont singulièrement accrus, qui exigent, non des prières au nom du Sacré-Cœur, mais des bras nombreux, forts et exercés, ainsi que des cœurs ardents pour la défense de la patrie. Institution condamnée en principe par tous les esprits que la superstition ne domine pas, les couvents auraient disparu depuis le commencement du siècle, si le premier Empire ne les avait rappelés et rétablis, si la Restauration ne les avait protégés comme vous promettez de le faire, si le second Empire surtout ne leur avait laissé prendre une extension et une influence qui les a rendus dangereux, à bien des titres.

Je ne crois pas me tromper, Monsieur le Comte, en affirmant que les quatre cinquièmes des hommes de la génération actuelle, pensent ainsi.

Et vous vous offrez à cette génération comme un représentant des idées modernes !

La Monarchie mettra les traditions militaires à l'abri des fluctuations de la politique, en donnant à l'armée un chef incontesté et immuable. La permanence du commandement au sommet aura pour conséquence la solidité de la discipline à tous les degrés de la hiérarchie.

La stabilité de son gouvernement lui permettra de s'appliquer avec suite à l'étude des problèmes que soulève la condition de nos populations laborieuses des villes et des campagnes ; de poursuivre l'amélioration de leur sort et d'adoucir leurs souffrances. Loin d'exciter les unes contre les autres les différentes classes qui concourent à produire la richesse nationale, elle s'efforcera de les réconcilier et d'amener la pacification sociale.

XII

M. le maréchal de Mac-Mahon sera certainement très flatté de l'éminente situation que vous faites miroiter à ses yeux, et il serait glorieux pour lui de terminer sa carrière militaire avec le grade de Grand Maréchal, Chef unique et immuable des armées du Roi.

Mais l'armée aujourd'hui, c'est le pays tout entier. Elle ne combat plus que pour la patrie. Des chefs jeunes, instruits, expérimentés, ne lui manqueront pas, si elle venait de nouveau à être menacée, pas plus d'ailleurs que le concours et l'expérience du vieux maréchal. L'amour de la patrie, inspirant chefs et soldats, sera toujours assez puissant, croyez-le bien, Monsieur le Comte, pour assurer la solidité de la discipline, à tous les degrés de la hiérarchie.

Peut-être, et il faut bien l'espérer, l'armée aura-t-elle moins souvent que par le passé l'occasion de prouver son dévouement, car tous les républicains sincères espèrent bien qu'une attaque seule de l'étranger pourrait désormais l'obliger à entrer en campagne.

On ne peut méconnaître que l'armée entre les mains d'un roi, quel qu'il soit, est un instrument de domination à l'intérieur, et suivant le caractère léger, irascible ou aventureux du prince, celui d'une guerre perpétuelle avec les voisins. Notre histoire a trop de pages qui le prouvent, et trop souvent, il faut bien le reconnaître, nous avons été les agresseurs. Nous avons besoin aujourd'hui de prouver à l'Europe que nous ne sommes plus les chevaliers du passé, et la République seule, parfaitement respectueuse des nationalités, fera cette preuve.

Quant à l'étude et à la solution des problèmes qui, vous le reconnaissez, s'imposent, et auront pour résultat d'amener la pacification sociale, comment, en vérité, attendre cette solution de la Monarchie, qui a gouverné la France sous toutes les formes depuis des siècles, et qui n'a su que semer des germes de division entre les citoyens par la formation des classes ou des partis, d'après le principe sans doute : Diviser pour régner ? N'est-ce point là encore, sinon le motif, du moins le résultat le plus clair du manifeste ?

Il appartient encore à la République, fondée sur l'union des citoyens, d'entreprendre sincèrement l'étude de ces problèmes, et elle seule aussi, par l'application judicieuse et intégrale de son triple principe : Liberté-Egalité-Fraternité, saura, autant que possible, en trouver les solutions.

Dans notre société en transformation, une courte période de seize années a vu surgir, depuis le hameau jusqu'à la capitale, ce que les républicains ont appelé les nouvelles couches; des hommes nouveaux sont arrivés en grand nombre à conquérir une part d'influence qu'ils ne possédaient pas encore. Ils l'auraient acquise sous tout autre gouvernement, car ce progrès légitime de leur condition est le fruit des bienfaits de l'instruction et de la lente ascension qui, à travers les siècles de notre histoire, a rapproché les différentes classes de la société.

Mais ils croient le devoir à la République; ils continueront à en jouir, il faut qu'ils le sachent, sous l'égide de la Monarchie. Le maintien du suffrage universel pour toutes les fonctions actuellement électives et de la nomination des maires par les conseils municipaux dans les communes rurales sera leur principale garantie. De même, les modestes serviteurs de l'Etat qui ont gagné leur situation par leur travail ne seront pas menacés, parce qu'ils la tiennent de la République.

Si, d'une part, toutes les victimes de la persécution républicaine sont assurées de recevoir l'ample réparation qui leur est due ; d'autre part, les exploiteurs et les indignes qui avilissent leurs fonctions, auront seuls à redouter l'avènement d'un pouvoir honnête et juste.

XIII

Voilà de belles promesses, Monsieur le Comte. Je veux les croire sincères, et elles émaneraient d'un esprit sage et d'un cœur généreux. Mais nous ne le savons que trop : le Roi n'est pas le maître. Il a une famille, des courtisans, des ministres qui ont bientôt tourné toutes ses bonnes dispositions. La réaction arriverait vite et pour les choses et pour les hommes.

Et tenez, Monsieur le Comte, je la vois parfaitement indiquée dans chaque mot de votre dernière phrase :

« *Si, d'une part, toutes les victimes de la persécution républicaine sont assurées de recevoir l'ample réparation qui leur est due ; d'autre part, les exploiteurs et les indignes qui avilissent leurs fonctions, auront seuls à redouter l'avènement d'un pouvoir honnête et juste.* »

L'ample réparation! Comment aura-t-elle lieu ? Tous les emplois du gouvernement et de l'administration seront-ils suffisants pour épuiser l'avidité de toutes ces victimes !... Et, dans ce cas, quelle curée ! Et que deviendront les titulaires actuels, même ces *modestes* serviteurs de l'Etat (à moins que vous ne vous arrêtiez aux garçons de bureaux), qui ont gagné leur situation par leur travail, et que vous déclarez ne devoir pas être menacés parce qu'ils la tiendront de la République ?...

Ou bien la France aurait-elle encore à payer quelques milliards pour indemniser des torts et pertes subies ces nombreuses victimes ? Et dans ce cas quel bon moyen de procéder à cette économie dans les finances, à cet ordre que vous promettez d'apporter au budget !

Et quant à la menace contre les *exploiteurs* et les *indignes*, Louis-Napoléon Bonaparte l'avait faite aussi en d'autres termes :

« Que les bons se rassurent, avait-il dit, et que les méchants tremblent ! »

Et ces méchants ont été par milliers fusillés, emprisonnés, transportés, exilés, proscrits !

Or vos exploiteurs et vos indignes sont évidemment les très proches parents de ces méchants là, et ils nous montrent la persécution — la vraie — organisée par toute la France sur tous ceux qui auront rempli un rôle un peu en vue dans le Gouvernement, dans l'administration, dans la presse, partout.

Le *Citoyen français* lui-même, ne paierait-il pas un peu cher peut-être pour son repos, sa hardiesse et sa sincérité de paysan du Danube ?

Non, non. Plus de persécutions en France ! Plus de curées d'emplois ! Plus de proscriptions ! Et pour cela plus de Monarchie ! Plus de changement de Gouvernement !

Vive ! Vive la République !

La Monarchie ne sera pas la revanche d'un parti vainqueur sur un parti vaincu, le triomphe d'une classe sur une autre classe. En élevant au-dessus de toute compétition le dépositaire du pouvoir exécutif elle fait de lui le gardien suprême de la loi devant laquelle tous seront égaux.

Que dès aujourd'hui tous les bons citoyens, tous les patriotes dont le régime actuel a déçu les espérances, compromis les intérêts, blessé la conscience, se joignent aux ouvriers de la première heure pour préparer le salut commun ; qu'ils secondent les efforts de celui qui sera le Roi de tous, et le premier serviteur ds la France.

XIV

Si, Monsieur le Comte, si. Le retour de la Monarchie, — comme serait d'ailleurs celui de l'Empire, — serait cette *revanche*, et vous vous trouveriez aussi impuissant pour l'empêcher que l'a été Louis XVIII, éclairé et tolérant, pour modérer celle qui a suivi le premier Empire.

Et comment le doute seulement serait-il permis, après l'appel que vous adressez à tous les *bons* citoyens, tous les *patriotes* dont le *régime actuel a déçu les espérances, compromis les intérêts, blessé la cons-*

cience, pour les convier à venir se joindre *aux ouvriers de la première heure, en vue de préparer* LE SALUT COMMUN.

Mais est-ce que tous ces bons citoyens, tous ces patriotes, tous ces ouvriers de la première et de la deuxième heure qui, une fois le salut assuré, deviendront vos conseillers, vos ministres, vos hauts et petits fonctionnaires de tous ordres perdront, par la victoire, l'esprit de passion, de rancune, de haine qui couve en eux depuis tant d'années, qu'ils ne craignent pas d'exprimer dans toutes leurs réunions, dans leurs banquets, et qui perce presque à chaque mot dans les lignes qui précèdent ?

Croyez-vous vraiment qu'il leur soit possible d'étouffer, une fois le pouvoir en main, le désir de vengeance que leur soufflera l'aigre sentiment de leurs espérances déçues, de leurs intérêts compromis, surtout de leur conscience blessée ?

Ah ! pauvre, pauvre France ! si elle arrivait jamais à en faire l'épreuve !

CONCLUSION

J'ai suivi, Monsieur le Comte, votre manifeste pas à pas, presque phrase à phrase, et dans les réflexions et observations générales qu'il m'a inspirées, je me suis placé à ce point de vue que vous étiez le représentant de la plus ancienne et de la première famille de France, jaloux de conserver dans ce pays le premier rôle qui a longtemps appartenu à vos ancêtres.

Je n'ai donc cherché à voir dans vos prétentions qu'une ambition honnête, loyale et jusqu'à un certain point légitime.

Mais j'ai été amené à reconnaître, — et l'accueil fait généralement en France à votre manifeste le prouve surabondamment — que cette ambition est impossible à satisfaire dans les conditions que vous avez posées.

Comme droits, vous n'en avez aucun. Et vous le reconnaissez, puisque vous demandez une nouvelle investiture de la nation. Au moyen-âge, on se transmettait par héritage un fief, comprenant le territoire et ses habitants, nobles, vilains ou serfs. Dans le droit moderne, on n'hérite que la terre, châteaux, champs et bestiaux. — L'homme est libre. On n'hérite plus un peuple, une nation, et ce peuple, cette nation a le droit de se constituer le gouvernement qui lui convient. Vous ne pourriez donc arriver à devenir le chef incontesté du gouvernement en France, que si vous étiez rappelé par les acclamations, par l'amour du peuple.

Or, le manifeste en dit à la fois trop et trop peu. L'esprit qui l'a dicté et celui de la nation sont souvent diamétralement opposés. Vous en appelez presque partout à la tradition qui est le passé, tandis que le peuple, ne voyant dans cette tradition qu'un enseignement, attend tout de l'avenir. Le pays, d'ailleurs, paraît loin d'avoir pour vous ce sentiment d'amour et de respect qui pourrait le faire passer par dessus ces divergences d'idées.

Vous ne pouvez, en conséquence, espérer de longtemps qu'il vous confie la conduite de ses intérêts. Les cruelles épreuves qu'il a subies depuis un siècle l'ont rendu sceptique à l'égard du dévoûment et de la science de ces sauveurs, qui se sont offerts à lui, les mains pleines de promesses, qu'il a sentimentalement accueillis, et qui l'ont tous, après peu de temps, plongé dans les plus effroyables désastres.

Je l'ai dit plus haut. La France veut se gouverner elle-même. La

France, monarchique encore par beaucoup de ses institutions, ne l'est plus par ses idées. La France est républicaine.

La preuve est faite.

Depuis plus de dix ans, le suffrage universel a constamment, et malgré l'ardente opposition de vos amis et du clergé, envoyé à la Chambre une majorité de plus en plus considérable de républicains. Ce sont des républicains qu'il nomme continuellement au Sénat. Les Conseils généraux et municipaux sont aussi presque exclusivement composés de républicains.

Pouvez-vous espérer réellement, de bonne foi, que ce suffrage, consulté soit directement, soit par ses mandataires réunis de la Chambre et du Sénat, se retourne brusquement en votre faveur ? — Pensez-vous que ce puisse être l'effet de votre manifeste ? — Ce serait folie de le croire, et vous ne pouvez, j'en suis sûr, vous faire aucune illusion à ce sujet.

Trop bon Français, d'ailleurs, pour débarquer en France comme conspirateur et chercher à ramasser — comme les Napoléons ou tout autre aventurier — une couronne rougie du sang de vos concitoyens, qu'espérez-vous donc et qu'allez-vous faire ?

Allez-vous vous envelopper platoniquement dans le drapeau de vos prétentions chimériques, et vivre et vous éteindre, à l'étranger, en Roi sans royaume, comme ce malheureux Comte de Chambord, auquel vous prétendez succéder ?

Ou bien resterez-vous le prétendant *militant* de l'heure actuelle ?

Dans le premier cas, permettez-moi de vous le dire, vous feriez montre de plus de vanité que de jugement. Car il y a des cas de force majeure, dans la vie politique comme dans la vie civile et privée, qu'il faut avoir le courage d'envisager en face et le bon esprit d'accepter. Vous vous condamneriez à être, comme un suicidé vivant, rompant à jamais tous les liens qui devraient vous attacher plus que tout autre à cette patrie, que vous aimez, je n'en doute pas, et dont vous aspirez à diriger les destinées. Vous deviendrez anglais, autrichien, italien ou russe, selon la résidence que vous choisirez pour lieu d'exil, et vous vous éloignerez de plus en plus de cet esprit français qui seul pourrait plus tard vous rendre la patrie et vous ramener à y jouer un rôle. Avec le temps, vous finiriez par perdre même la qualité de Français.

Dans le second cas, il y a certaines considérations, certains points de vue sur lesquels votre esprit ne s'est pas suffisamment porté, j'en suis sûr, et qu'il importe cependant que vous ne puissiez paraître ignorer : je veux parler du côté moral, honnête, patriotique de votre situation et de votre conduite envers le pays.

Il est évident que le but de votre Manifeste est d'accentuer davantage encore l'opposition faite par les députés monarchiques dans les Chambres, à la République ; et par l'exagération de vos accusations et de vos critiques autant que par vos promesses, d'abuser les électeurs dans l'intérêt de vos prétentions dynastiques.

Si nous étions sous un gouvernement monarchique cela s'appellerait bel et bien « attaques contre le gouvernement établi » et « excitation à la haine des citoyens les uns contre les autres, » crimes relevant d'une haute Cour ou de la Cour d'assises, sévèrement réprimés par la loi.

La République de nos jours, si intolérante et persécutrice, selon vous, dédaigne ces attaques. Elle se confie dans la force de son principe. Ses représentants savent qu'étant de nouveau pour la troisième fois, et depuis dix-huit ans, le gouvernement régulier du pays, elle est acceptée, reconnue par la grande majorité des Français, qu'elle l'est aussi par les puissances étrangères qui ont pu s'armer contre elle, il y a un siècle, mais aujourd'hui ne voient plus en elle une ennemie, et à qui elle n'inspire plus d'inquiétude. Ils sont donc très tranquilles sur le résultat des attaques dirigées contre elle, et un de ses ministres, M. Lucien Dautresme, exprimait récemment cette confiance dans les termes suivants : « Désormais l'empire et la monarchie sont scellés dans la même tombe ! »

La République est donc sans crainte. Vous pouvez encore lui causer quelques difficultés, quelques embarras que le temps se chargera de faire disparaître, mais vous ne pouvez rien contre son existence.

Dans cette situation, qui souffrira surtout de vos prétentions, de l'opposition de vos partisans, des discordes civiles qu'elles fomentent et entretiennent ?

Qui ? — Vous avez sans doute déjà répondu, Monsieur le Comte ? — La France !

Oui, la France, retardée par vous dans son évolution progressive vers l'unité, vers la concorde, vers la paix sociale, résultats attendus et certains de ses institutions nouvelles !

La France, que vous vous efforcez d'empêcher de se constituer dans sa liberté et dans sa force, que vous gênez dans son développement, à la prospérité et à la grandeur de laquelle vous faites obstacle !

La France, qui, dans une grande lutte possible, prochaine peut-être, avec un ennemi qui a déjà abusé de la victoire et qui n'a pas craint de la menacer du haut de sa tribune politique, d'une guerre d'extermination, d'une guerre de sauvages, trouverait certainement dans ses dissensions civiles un élément de faiblesse capable d'amener une nouvelle défaite, c'est-à-dire son démembrement certain, sa ruine peut-être !

Voilà, Monsieur le Comte, les résultats les plus clairs, les plus certains de vos manifestes et du maintien de vos prétentious, que je ne crains pas d'appeler aujourd'hui anti nationales.

Eh bien ! je vous le demande, Monsieur le Comte, est-ce ces résultats, est-ce cette trahison que vous poursuivriez, et votre conduite serait elle digne alors d'un chevalier, d'un fils de France ? Et pourrait-elle trouver son inspiration seulement dans un cœur noble, honnête, loyal, religieux et vraiment français ?.....

Et je le demande aussi à vos partisans de la Chambre, qui connaissant mieux que vous les dispositions du pays, parce qu'ils sont plus rapprochés des électeurs, se cachent à eux-mêmes le côté moral de leurs intrigues en les couvrant du nom de tactique ou de stratégie parlementaire ; croient-ils, vis-à-vis de cette France qu'ils désolent, agir en bons citoyens, en honnêtes gens, en hommes de cœur et d'honneur ?

Et je me vois obligé de vous le demander aussi à vous, ministres d'un Dieu de paix et d'amour : De ce Dieu de paix dont vous chantez chaque jour les louanges dans vos églises : « *Gloria in excelsis Deo, et in terrâ pax hominibus bonœ voluntatis !* » De ce Dieu de paix à tout prix qui a dit : « Si l'on vous frappe sur une joue, présentez l'autre. » De ce Dieu d'amour qui a dit, pour que vous le répétiez et le rappeliez sans cesse à l'humanité : « Aimez-vous les uns les autres. »

Je vous le demande à vous, prêtres, qui vous faites agents de révolte et de discorde en mettant la religion au service des partis coalisés contre le gouvernement national. Ne voyez-vous pas que c'est Dieu, la religion elle-même et votre caractère sacré que vous compromettez dans ces luttes ?

Et vous faites les étonnés, et vous vous indignez, et vous vous déclarez bien haut persécutés et victimes, parce que ce gouvernement cherche à vous lier les mains pour vous empêcher de faire germer au cœur de la jeunesse française cette semence d'intolérance et de division que vous répandez partout autour de vous et sur toute la surface du pays ?.....

Il y a pourtant des faits qui devraient vous frapper. Ne nous apprenez-vous pas que « Dieu conduit tous les événements de ce monde ? » Pourquoi donc refuser de reconnaître la main de la Providence dans ces mémorables évènements de la fin du siècle dernier, qui en ont changé la face, et récemment, dans cette mort sans postérité, du dernier représentant de la monarchie séculaire en France ? Dieu ne dit-il pas assez hautement par là que ces événements ont été voulus par lui ; que le rouage monarchique, violemment brisé à plusieurs reprises dans notre pays, est rompu à jamais ; que la nation est mûre pour exercer la souveraineté, et que le rouage républicain, mis en action par le suffrage universel, et dirigé par la triple idée *chrétienne* de liberté, égalité, fraternité, est celui au moyen duquel doivent s'accomplir désormais ses destinées ?

Enfin, qui vous dit que Dieu ne se sert pas de la France pour la donner en exemple aux rois et aux peuples de la vieille Europe, afin que, lorsqu'il jugera le moment venu pour eux, ceux-ci puissent accomplir graduellement leur évolution et éviter les longues et cruelles épreuves par lesquelles nous avons acheté la nôtre !

Et j'ajouterai :

Savez-vous si, dans les desseins de la Providence, cette évolution politique et définitive de la France, rejetant solennellement toute idée de domination et de conquête autour d'elle et se mettant ainsi sans conteste à la tête des grandes nations civilisées, n'est pas le prélude de cette union des peuples européens, entrevue, rêvée, espérée par tant d'esprits élevés, et qui mettra fin à ces guerres fratricides entreprises sous prétexte de diversité de races, de mœurs, de religion, guerres qui épouvantent l'humanité, et font douter de la bonté, de la justice, de l'existence de Dieu lui-même !

Certes, j'ai, quant à moi, une foi sincère, entière et ardente, dans cette œuvre providentielle, et c'est peut-être contre elle que vous luttez, Messieurs du clergé catholique, en mettant votre appui au service de prétentions sans autre fondement aujourd'hui que ces vanités que vous condamnez si pompeusement en chaire — *Vanitas, vanitatum!* — mais que vous savez si bien flatter et encenser dans la vie publique.

Ce qu'il y a de certain, c'est que sans vous, sans les funestes influences que votre caractère sacré, votre nombre et votre dispersion sur tous les points du pays, vous permettent d'exercer sur la conscience, l'esprit d'une infinité de citoyens, il y a longtemps que les partis monarchiques auraient déposé les armes, et que l'union civique ou républicaine serait faite en France, au grand bien de la morale publique et des intérêts de tous.

Je reviens à vous, Monsieur le Comte, et ce sera ma conclusion en ce qui vous touche. Il vous appartient, et ce serait même un devoir strict, pour une conscience droite et éclairée, de ramener en France la paix civile et la paix religieuse que vos partisans ont trop longtemps troublées, par une renonciation publique, franche et loyale, à des prétentions qui, si elles se prolongeaient, prendraient un caractère odieux et finiraient par attirer sur vous, sur votre famille et vos amis la réprobation publique.

Enlevez ainsi toute force à des partis qui, sans vous, n'auront plus ni cohésion, ni existence possible.

Redevenez citoyen français, et rendez à la République d'autres citoyens qui ne s'aperçoivent pas que leur hostilité contre elle n'atteint, en réalité, que la France même et leurs propres intérêts.

Et plus tard, un jour, quand vous aurez donné des gages à la nation, — à cette chère patrie pour laquelle tant de simples citoyens sont disposés à sacrifier leur vie et leur fortune, — peut-être alors le suffrage universel vous demandera-t-il, dans les limites bien entendu de la constitution, l'appui de votre grand nom et de vos hautes influences, pour assurer, pour consolider son œuvre !

Dans tous les cas, vous aurez obéi à cette maxime de l'honnête homme, qui est la même pour le citoyen et le patriote qu'ils soient Princes ou artisans : « Fais ce que dois. »

Que si vous et vos amis, Monsieur le Comte, vous vous refusiez à comprendre ce langage, le suffrage universel, dans l'intérêt de la patrie, aurait de son côté un devoir impérieux à remplir, pour imposer le plus promptement possible l'union aux citoyens de bonne foi et de bonne volonté, au moins dans les Chambres législatives, ce serait d'écarter résolument de ces assemblées, aux prochaines élections, tout candidat qui ne se prononcerait pas nettement, énergiquement, pour le maintien de la République.

Ce serait, en effet, le seul et unique moyen, quant à présent, sans faire intervenir le gouvernement, que l'on accuse toujours, d'empêcher le renouvellement des crises politiques, d'assurer la majorité parlementaire, et, par elle, la stabilité ministérielle.

Ce serait aussi le seul capable de ramener à une plus juste appréciation des choses, des députés et de bons et honorables citoyens, dont les opinions et revendications ne sont poussées à l'extrême que par des défiances qui n'auraient plus d'objet, et d'écarter à jamais tout motif, tout prétexte même d'une nouvelle crise sociale, dont les résultats désastreux, si elle venait à éclater, seraient incalculables.

Votre Manifeste, Monsieur le Comte, aurait ainsi rendu à la République, c'est-à-dire, et je ne saurais trop le répéter, à la France, à la Patrie, à laquelle elle est liée aujourd'hui d'une manière indissoluble (1), le plus grand service, puisqu'elle lui devrait, plus complètement et un peu plus tôt, par l'union qu'il aurait provoquée, l'ordre et la paix aussi indispensables à son relèvement matériel qu'à sa prompte reconstitution morale.

(1) D'après une correspondance de Paris rendant compte d'une conversation, entre députés, qui aurait eu lieu dans les couloirs de la Chambre, le 14 octobre, au sujet des incidents Caffarel et Boulanger, M. Paul de Cassagnac s'y serait exprimé dans les termes suivants :

« Les événements actuels sont assez graves pour qu'on les envisage avec sérieux, « qu'il s'agisse du général Caffarel ou du général Boulanger, ça n'en est pas « moins l'armée qui est en jeu, c'est-à-dire l'honneur et la sécurité du pays, et « devant cela, voyez-vous, toutes nos divisions politiques doivent cesser.

« Pour moi, c'est une règle que j'ai toujours scrupuleusement observée, dans « toutes mes polémiques ; dans toutes les attaques que j'ai dirigées contre la

« République, je me suis arrêté lorsque, par dessus la forme du gouvernement,
« je risquais d'atteindre la Patrie. »
. . . .

Je ne suis ni journaliste, ni légiste. Je n'ai pour guide que ma conscience, ma
bonne foi, mon amour sincère de la vérité, mon patriotisme, Eh bien ! tout cela
me dit que l'opinion de cet honorable député est doublement erronée, et que,
répercutée en France et par la presse de tous pays, elle est dangereuse.

Comment se peut-il, en effet, que l'on établisse une pareille communauté
d'honneur et d'intérêts entre un *Général* et l'*Armée*, et une pareille distinction
entre la *République* et la *Patrie* ?

Pour moi, c'est le contraire qui existe.

Non, l'armée n'est pas, ne peut pas être en jeu, c'est-à-dire solidaire d'un de ses
membres qui a failli, fût-il général, fût-il maréchal de France. Les fautes sont personnelles. Bazaine a trahi : les intérêts de la France ont été gravement atteints,
mais l'honneur de l'armée a-t-il été compromis ? Et pourquoi le serait-il aujour-
d'hui parce qu'un général, deux généraux même se seraient montrés indignes,
non pour des faits de guerre ou touchant à l'armée, mais pour des malpropretés
morales qui s'expliquent trop par les besoins contractés et par vingt années de
jeunesse passées au milieu des mœurs déplorables du second Empire ?

Non, ni l'armée, ni la République ne peuvent être atteintes, en quoi que ce
soit, par ces turpitudes isolées.

Au contraire, la République et la Patrie me paraissent unies aujourd'hui par un
lien indissoluble, comme je le dis et l'ai démontré, je crois, et comment serait-il
possible, dès lors, que toute attaque dirigée contre la République n'atteint pas la
Patrie ? — Où M. de Cassagnac aperçoit-il les limites qui les séparent et qui lui
permettent de marquer le point où il frappe la République sans que la Patrie en
souffre et soit blessée ?

M. de Cassagnac étant chef reconnu de l'opposition des partis monarchiques à
la Chambre, je me permets de lui dire :

Réfléchissez, citoyen, et prouvez à la Nation, si vous le pouvez, que ces mots :
— *République, France, Patrie* — ne sont pas devenus synonymes, et ne représen-
tent pas la même idée, le même être sensible, ayant les mêmes besoins, souffrant
des mêmes douleurs, courant les mêmes dangers et exigeant les mêmes devoirs.

MANIFESTE DU PRINCE VICTOR NAPOLÉON

Bruxelles, 23 octobre 1887.

Au Président du Groupe des députés de l'Appel au peuple

Monsieur le Président,

L'inébranlable fidélité avec laquelle le parti de l'Empire n'a cessé de défendre le principe de l'appel au peuple a porté ses fruits ; les esprits les plus prévenus, ceux même qui naguère mettaient tout en œuvre pour le dénigrer et le combattre sont désormais obligés de s'incliner devant lui. Ils en sont arrivés à se rendre compte de la force souveraine du plébiscite et des progrès que fait chaque jour notre doctrine.

Le prince impérial l'avait dit : « Le plébiscite, c'est le droit et c'est le salut. »

Vos collègues se sont toujours inspirés de cette pensée à l'Assemblée nationale. Isolés qu'ils étaient entre les coalitions de Droite et de Gauche, ils n'ont jamais hésité à réclamer l'appel au peuple. Continuez à marcher résolument dans cette voie, c'est à vous qu'appartient la revendication imprescriptible de ce principe, dont seuls les Napoléons ont su assurer le triomphe. Tenez notre drapeau en dehors et au-dessus de toutes les compromissions. Il doit rester intact pour le jour où le peuple viendra librement chercher un abri sous ses plis.

Ralliez autour de vous, sans distinction de passé ni d'origine, les hommes inquiets de l'avenir, écœurés des scandales dont nous sommes témoins.

Il est temps de constituer sur des bases démocratiques un gouvernement fort et réparateur, qui assure la liberté religieuse, sache faire respecter l'armée et maintenir les droits de tous en relevant le sentiment de la justice et de l'autorité.

Le régime parlementaire s'effondre sous le mépris. A vous doit revenir l'honneur de provoquer la grande manifestation nationale qui rétablira la paix dans les esprits, la prospérité dans le pays et rendra à la France sa grandeur passée.

Le peuple connaît ses véritables défenseurs ; il vous suivra.

Croyez, Monsieur le Président, à mes meilleurs sentiments.

Victor Napoléon.

Tout votre manifeste, Prince, se résume dans cette sentence tombée, dites-vous, de la bouche du Prince Impérial (une bien jeune autorité, entre nous) et qui renferme toute votre doctrine : « *Le plébiscite, c'est le droit et c'est le salut.* »

Malheureusement pour votre cause, il y a des faits qui rendent inutiles toute discussion, tout commentaire à son sujet.

Le jugement est prononcé.

Vous devez connaître le proverbe latin : *Prima gratis, secunda debet, tertia solvet.*.

Prima gratis. C'est la première faute. — C'est le général de la première République, tout rayonnant d'une gloire acquise sur les champs de bataille d'Italie et d'Egypte, qui, fou d'ambition et sacrifiant tout à SA GLOIRE, devenu premier consul, trahit la République qu'il avait mission providentielle de fonder définitivement, pour poser sur sa tête la couronne impériale des Césars et créer une nouvelle dynastie.

Ce détour de la Révolution a été le principe de toutes les agitations et des malheurs de la France pendant le XIX° siècle. C'est lui qui a occasionné la formation de tous les partis qui, aujourd'hui, divisent, affaiblissent, énervent et ruinent peu à peu la France. Sans lui, nous jouirions, sous l'égide d'une république centenaire, de la paix, de l'ordre, de la prospérité que la continuité de ce régime a assurés dans les Etats-Unis d'Amérique.

Mais on ne pouvait voir si loin alors, et la couronne allait si bien au front puissant de cet homme, que la nation, ignorante et fascinée, s'est livrée à lui corps et âme. On vous a appris cette histoire, sans doute, Prince, et aussi quelle en a été la conclusion. Pour un peu de gloire à l'antique, dont elle se serait bien passée, et chèrement payée déjà par le sang de ses plus nobles enfants, la France doit au fondateur de l'Empire ses premiers grands désastres, une double invasion de l'Europe coalisée ! Cependant il avait, dans le principe, jeté tant d'éclat autour de sa personne qui sur le moment, et même longtemps après, on oublia les défaites et les ruines finales pour ne se rappeler que ses brillantes victoires. La nation n'accusa que le malheur. L'histoire a amnistié. *Prima gratis !*

Secunda debet. C'est le crime. — Deux dates seulement : 2 DÉCEMBRE 1851, 3 SEPTEMBRE 1870, qui mériteraient d'être inscrites dans les salles de nos assemblées législatives et dans toutes les Mairies et établissements publics comme châtiment et comme exemple !

La première signifie loi et humanité violées, foulées aux pieds, en pleine paix, sans provocation, sans justice, sans raison. C'est le guet-apens froidement exécuté, la nuit, par des viveurs endettés, dont le principal, Louis-Napoléon Bonaparte, trahit encore la deuxième république dont la nation, dans sa sotte confiance, l'avait institué le premier gardien.

La seconde, signifie la honte de l'aventurier impérial, qui après avoir attiré sur le pays une nouvelle invasion, trahit lâchement la France et va la livrer, pieds et poings liés, à un ennemi auquel il se présente le sourire et la cigarette aux lèvres, comme s'il accomplissait une petite visite de voisinage ! ! !

Ah ! oui certes, les Napoléon ont contracté envers la France une dette que l'histoire a enregistrée et qu'ils n'acquitteront jamais, dussent-ils y consacrer jusqu'à la dernière goutte de leur sang ! *Secunda debet !* (1).

Tertia solvet. L'expiation. — Et c'est vous, Prince, qui, après la mort providentielle du Prince Impérial, et sans y être convié, à moins que ce ne soit par MM. Jolibois et consorts, ambitieux de jouer le rôle des Rouher, Saint-Armand, Persigny, Morny et Cⁱᵉ, c'est vous qui réclamez ce sanglant et lugubre héritage ! « Le peuple, leur dites-vous, connaît ses véritables défenseurs, il vous suivra ; » mais votre passion vous rend donc bien aveugle, bien inconscient de votre propre dignité et de celle de votre famille pour oser remuer ainsi des cendres non encore refroidies ! Mais vous le jugez donc bien dépourvu de jugement, de caractère et de mémoire, vous le méprisez donc bien ce peuple Français, dont on dit que l'esprit court les rues, pour espérer qu'une fois encore il s'engouera de votre nom, et que M. Jolibois, sautant, il sautera après lui, comme les moutons de Panurge ! Ah ! pour qu'il vous écoutât, pour qu'il vous suivît, il faudrait qu'il fût tombé à un tel degré d'ignorance, d'abaissement, de dégradation morale que la Providence interviendrait fatalement, et ce serait alors pour son châtiment et pour le vôtre !

Et ce châtiment serait prompt et terrible, soyez-en sûr.

Car si, vis-à-vis de la France, l'Empire est la terreur, la Dictature, le Gouvernement militaire, que tous les honnêtes gens repoussent aux yeux de l'Europe, il est la guerre, — la guerre permanente, la guerre avec tous les peuples et sur tous les points du monde.

C'est la paix, avait dit Napoléon III, et il l'a prouvé par la guerre déclarée à l'Italie, à la Russie, à l'Autriche, à la Chine, au Mexique, à l'Allemagne ! ! !

(1) Et ne dites pas qu'on n'a pas consulté la nation ! La nation a été consultée le 20 février et la nation a répondu, par toutes les voix que vous connaissez, qu'il y avait un décret de déchéance ; la nation a répondu qu'on peut bien se rire des décrets de déchéance, mais qu'il y a une chose qu'on n'effacera pas, une tache indélébile qu'on n'arrivera jamais à supprimer... (*Bruyantes exclamations*). Non ! jamais ! et cette chose, cette tache, c'est un crime ! (*Cris et interruptions à Droite*). Un crime ! un crime ! — (*Nouveaux cris à Droite.* — *Applaudissements à Gauche*). Et ce crime vous ne l'effacerez pas de la mémoire de la France ! Elle dira.... (*Interruptions violentes*). — Messieurs, vous direz ce qu'a dit la nation, ce qu'a déjà dit l'Histoire, c'est qu'il y a une honte et un crime que vous n'effacerez jamais : un crime, le 2 décembre ! et une honte, la perte de l'Alsace et de la Lorraine ! (*Bravo ! Bravo ! Applaudissements à Gauche et au Centre*).

(GAMBETTA, Assemblée nationale, 1876.)

Ne faut-il pas, en effet, faire diversion aux difficultés de l'intérieur ? Distraire les citoyens des querelles et revendications politiques ?

Défendre, dans la personne du Pape, la liberté religieuse, si complaisante ?

Et l'armée, si utile, ne faut-il pas l'occuper, la récompenser, avoir soin d'entretenir son auréole et, pour en raviver l'éclat, promener partout ces aigles qui ont déjà embrassé le monde de leur vol !

Donc, Hurrah ! pour la guerre ! Hurrah ! pour les assauts et les batailles ! Là est la vie ! l'honneur ! la gloire ! Cela fait du mouvement, des vides, de la débâcle dans les rubans et les épaulettes, et c'est alors que le soldat trouve des bâtons de maréchal dans sa giberne !

Mais cela fait aussi la haine des peuples. Napoléon Ier l'a éprouvé en 1814 et 1815. Napoléon III l'a éprouvé en 1870, et dans la question de *Revanche par les armes*, que provoquent aujourd'hui ses anciens colonels dans l'armée, ses anciens serviteurs de tous ordres probablement dans la ligue des patriotes — revanche qui s'imposerait dès le lendemain à Napoléon IV — c'est cette haine qui s'attacherait à vous et sous laquelle vous succomberiez infailliblement tous les deux.

Expiation cruelle, sûrement ! — *Tertia solvet.*

En vérité, Prince, dans tous les événements qui se succèdent si rapidement aujourd'hui, il y a quelque chose qui confond l'honnête homme qui a dépassé sa soixantième année, et qui a vu — vu des ses yeux et de sa conscience — le second Empire à l'œuvre. C'est, en ce qui vous touche, de voir un jeune homme qui a tout pour lui, instruction, intelligence, nom et fortune, à qui l'avenir n'offrirait que d'honnêtes et riantes perspectives, et qui pourrait, dès aujourd'hui, se faire dans la vie et dans son pays une situation honorable par l'étude, par la réflexion, le travail utile ; de le voir, dis-je, perdre à l'étranger ses plus belles années et tout le bonheur de son existence, en se vouant à la poursuite de chimères ambitieuses qui ne doivent lui causer qu'amères déceptions, chagrins et misères, et qu'il sait fort bien, d'ailleurs, ne pouvoir atteindre sans crime !

Oui, sans crimes ! ! !

Et n'en est-ce pas un, déjà, dans la situation où est la France, d'ourdir contre elle des conspirations sourdes ou ouvertes, d'empêcher la patrie de s'organiser, de se constituer, de s'unir, et de se relever par la concentration de tous ses moyens de protection ou de défense !

Fatal amour du Panache, quel mal tu fais aux individus comme aux Peuples !

Un citoyen Français.

Marseille. — Imp. Marseillaise, rue Sainte, 39.